권기옥

권기옥

강정연 글 오영은 그림

비룡소

"또 딸이야? 이름도 지어 줄 필요 없어. 그냥 빨리 가 버리라고 갈네라고 불러!"

아들을 몹시 원하던 아버지가 단단히 화가 났어요. 첫째에 이어 기옥이 또 딸로 태어났거든요.

여덟 살 무렵 기옥은 아버지한테 대뜸 따졌어요.

"어떻게 아버지가 자식에게 빨리 죽으라는 뜻의 이름을 지어 줄 수 있어요?"

콩알만 한 기옥이 당차게 따지자 아버지는 그저 뒷머리만 긁적였지요.

아버지가 홧김에 지은 '갈네'라는 이름은 기옥이 열두 살이 될 때까지 따라다녔어요. 학교에 들어가서야 비로소 '권기옥'이라는 진짜 이름을 듣게 되었지요.

"네가 바로 똑똑하고 야무지다고 칭찬이 자자한 권기옥이로구나."

열두 살 봄, 평양 숭현 소학교에 입학하던 날 선생님이 기옥에게 건넨 말이에요.

숭현 소학교는 장대현 교회에서 운영하던 학교예요. 가난한 살림에 학교를 못 다니던 기옥을 숭현 소학교에 불러 준 게 장대현 교회의 목사님이었지요.

기옥은 서너 살 어린 동생들과 함께 학교에 다녀야 했지만 조금도 부끄럽지 않았어요. 공부가 무척 재미있었거든요. 기옥은 특히 과학과 수학을 좋아했어요.

몸이 아픈 어머니 대신 온갖 집안일을 하고, 막내를 업고 학교에 다녀야 해도, 세상을 배우는 것은 기옥에게 마냥 신나는 일이었어요.

기옥은 가정 형편 때문에 학교에 다니지 못할까 봐 장학금을 놓치지 않으려고 늘 애썼어요. 기옥은 숭현 소학교를 6년 만에 졸업할 수 있었지요.

기옥은 학교 선생님들을 무척 존경하고 좋아했어요. 특히 김경희 선생님을 좋아했지요.

그때 우리나라는 일본에 주권을 빼앗긴 식민지였어요. 우리글과 우리 역사를 배울 수 없었고, 일본 순사의 감시 때문에 가슴 졸이며 살아야 했지요.

김경희 선생님은 이런 상황에서도 몰래몰래 우리나라의 자랑스러운 역사를 가르쳤어요. 포악한 일본으로부터 독립하는 날을 꿈꾸게 했지요.

"세상이 바뀌고 있어요. 남녀를 차별하는 벽이 허물어지고 있어요. 이제는 여자들도 깨어나야 해요. 여자도 조국의 독립을 위해 앞장서고, 꿈을 이루기 위해 당당히 나서야 해요."

남자로 태어나지 못해 '갈네'라는 이름으로 불리던 기옥에게는 놀라운 가르침이었어요. 어려서부터 온갖 집안일을 거들고, 때가 되면 결혼해서 아이들을 낳고, 평생 가족들 뒤치다꺼리만 하는 게 여자의 삶인 줄 알았는데, 여자도 얼마든지 꿈을 꿀 수 있다니 기옥의 가슴은 두근거리다 못해 터져 버릴 것 같았지요.

1917년, 기옥이 열일곱 살이던 어느 가을날이었어요. 평양 하늘에 비행기가 뜬다는 소문에 기옥은 길거리로 나가 봤어요. 수많은 사람들이 구경을 나와 고개를 치켜들고 하늘만 쳐다보고 있었지요.

"뭐라고? 쇳덩이가 하늘을 난다고?"

"그게 비행기라고 하는 것인데 미국 사람이 타고 왔다더라고. 며칠 전에 경성(지금의 서울)에서 한번 날고 왔다는군."

"어! 어! 저기, 저기! 비행기가 보인다!"

드디어 미국인 비행사 아트 스미스의 곡예비행이 시작됐어요. 저 멀리서 날아오던 비행기는 구경꾼들의 머리 위로 쑥 내려왔다가 하늘로 높이 치솟았어요.

하늘을 뚫고 나가는 게 아닌가 싶을 때쯤 비행기는 다시 엄청난 소리를 내며 땅으로 떨어졌어요. 저러다 바닥에 처박히겠구나, 하고 겁먹은 사람들은 두 눈을 가리고 자리에 주저앉기도 했어요.

그런데 비행기가 어느덧 사뿐히 고개를 들고 유유히 날기 시작했어요. 비행사 아트 스미스는 사람들을 향해 미소 지으며 손을 흔들었어요. 그제야 사람들은 안심하고 박수를 치며 환호성을 내질렀지요.

이제 비행기는 꽁무니에서 연기를 뿜어 '에스(S) - 엠(M) - 아이(I) - 티(T) - 에이치(H)'라는 글자를 하늘에 새겼어요. 아트 스미스가 자신의 성을 쓴 것이었지요.

그날 밤 기옥은 잠을 이룰 수가 없었어요. 눈을 감아도 눈을 떠도 낮에 본 아트 스미스의 비행기가 자꾸만 떠올랐어요.

"나도 비행사가 되고 싶어. 비행기를 타고 멋지게 하늘을 날아 보고 싶어."

기옥은 처음으로 꿈을 갖게 되었어요. 아직은 비행사가 될 수 있는 방법도 몰랐지만, 왠지 그 꿈을 이룰 수 있을 것만 같았지요. 하늘을 나는 자신을 상상만 해도 마음이 벅차올랐어요.

기옥은 열여덟 살에 숭의 여학교에 들어갔어요. 숭의 여학교에는 수학 선생님인 박현숙 선생님이 이끄는 '송죽회'라는 여성 독립운동 단체가 있었어요. 박현숙 선생님은 기옥에게 송죽회에 들어올 것을 제안했어요. 기옥은 기꺼이 송죽회 회원이 되었지요.

1919년 2월 어느 날 박현숙 선생님이 기옥을 비롯한 송죽회 회원들을 비밀스럽게 모았어요.

"3월 1일에 전국에서 만세 운동이 일어날 거예요. 그날 우리나라가 독립국임을 전 세계에 알릴 것입니다."

전국에서 같은 날 독립 선언을 한다니 기옥의 가슴은 마구 뛰었어요.

"그날을 위해 우리 송죽회 회원들이 해 줄 게 있어요. 태극기를 만드는 일이에요. 거리로 나온 사람들이 태극기를 흔들며 '대한 독립 만세'를 외칠 수 있도록 말이지요."

박현숙 선생님의 말을 따라 기옥과 송죽회 회원들은 태극기를 만들기 시작했어요. 끼니도 거르고 잠도 줄여 가며 매달렸지요. 손이 부르트고 허리가 끊어질 듯 아파도 태극기를 손에 든 수많은 사람을 생각하면 얼마든지 참아 낼 수 있었어요. 그렇게 2월 마지막 날까지 만든 태극기가 무려 200장이나 되었어요.

 기옥과 송죽회 회원들은 태극기 옮기는 일을 두고 머리를 맞댔어요.

 "그나저나 이 많은 걸 어떻게 옮기지? 만세 운동이 열리는 숭덕 학교에 미리 가져다 놓아야 하잖아."

 "태극기를 둘둘 말아서 치마 속 허리춤에 차고 옮기는 게 어때?"

 "그거 좋은 생각이다!"

 기옥과 친구들은 한밤중에 숭덕 학교 지하실로 태극기를 옮겼어요. 혹시라도 길에서 순사를 만날까 봐 심장이 녹아내리는 것 같았지요.

드디어 3월 1일, 송죽회 회원들은 미리 숨겨 놓은 태극기를 찾아 숭덕 학교 운동장으로 나왔어요. 운동장에는 이미 수많은 사람들이 가득했어요. 기옥은 사람들에게 태극기를 하나씩 나누어 주었어요.

"우리는 오늘 조선이 독립한 나라이며, 조선인이 이 나라의 주인임을 선언한다……."

독립 선언문 낭독에 이어 만세 삼창이 이어졌어요.

"대한 독립 만세! 대한 독립 만세! 대한 독립 만세!"

운동장에 모여 있던 수많은 사람이 태극기를 흔들며 거리로 뛰쳐나갔어요. 사람들은 점점 많아지고 만세 소리는 점점 더 커졌지요.

기옥은 맨 앞에 서서 앞으로 나아갔어요. 모두들 정말로 독립이라도 된 것처럼 서로 감격하고 기뻐하며 거리를 누볐어요.

　하지만 이런 감동의 시간도 잠시였어요. 일본 경찰들이 몰려와 사람들을 향해 곤봉을 휘두르고, 여학생들의 머리채를 잡고 쓰러뜨리며 짓밟았거든요. 기옥은 피 흘리며 쓰러지는 사람들을 보고 큰 충격을 받았어요. 그렇지만 이대로 걸음을 멈출 수는 없었지요.

그날 이후로 기옥은 잔인한 일본에 맞서려면 힘을 키워야 한다는 것을 깨달았어요. 그래서 대한민국 임시 정부가 군사를 만들고 키우는 데 쓸 독립운동 자금을 모으는 일에 앞장섰어요.

결국 기옥은 그해 가을에 악독하기로 유명한 일본 경찰 다나카에게 체포되고 말았어요.

"주동자가 누구냐, 어서 말해!"

"내 나라를 구하려는 데 주동자가 따로 있을 리 있소? 내가 바로 주동자요!"

"여자가 무슨 독립운동을 해? 말도 안 되는 소리 마!"

"빼앗긴 나라를 되찾는 데 남녀가 힘을 합쳐도 모자랄 판국에 여자라고 가만있으라는 거요?"

기옥은 다나카에게 모진 고문을 당했어요. 온몸이 꽁꽁 묶인 채 거꾸로 매달려 몽둥이로 맞기도 했고, 까무러칠 때마다 코에 쏟아붓는 물 때문에 숨조차 쉴 수 없는 고통을 겪었지요. 기옥은 수십 번 기절하고 온몸이 터져도 끝까지 입을 열지 않았어요.

　결국 검찰로 넘겨진 기옥은 감옥살이를 해야 했어요. 감옥에서 모진 고문 후유증에 시달렸고 전염병까지 걸렸지요. 일본 경찰들은 기옥이 감옥 안에서 죽게 될까 봐 서둘러 집으로 돌려보냈어요. 그렇게 여섯 달 만에 집으로 다시 돌아올 수 있었지요.

기옥은 독립운동 자금을 마련할 새로운 방법을 고민했어요. 그러던 중 브라스 밴드를 알게 되었지요. 브라스 밴드는 숭실 학교 남학생들이 만든 전도대였는데, 전국의 교회를 돌며 사람들 앞에서 연주와 연설을 했어요.

'여자 전도대를 만들어 독립운동 자금을 모금하면 어떨까? 전도대라고 하면 그저 하나님 말씀을 전하는 거라고 생각할 거 아니야?'

기옥은 곧바로 친구들을 모아 여자 전도대를 만들었어요. 전국을 돌며 연설과 공연을 펼쳐 나갔지요. 나라를 찾으려고 애쓰는 청년들의 모습에 감동한 사람들은 너도나도 독립운동 자금을 보태 주었어요.

뿐만 아니라 여자 전도대는 우리나라 독립운동가들의 소식을 이곳저곳으로 전하는 비밀 연락 수단이 되었어요. 이렇게 기옥은 하루하루 독립운동의 중심에 가까이 다가서고 있었어요.

1920년 한여름에 대한민국 임시 정부에서 보낸 청년 둘이 기옥을 찾아왔어요.

"우리를 좀 도와주시오. 우리는 평안남도의 도청을 폭파할 계획이오."

"평남도청은 우리 민족을 괴롭히는 일제의 기관이오. 반드시 없애야 하오."

처음으로 무장 독립 투쟁을 마주하게 된 기옥은 가슴이 뛰었어요. 기옥은 두 청년이 숨을 곳을 마련해 주고 도와주었어요. 덕분에 평남도청은 무너지고 청년들은 무사히 도망을 쳤어요.

일본 경찰들은 범인을 잡기 위해 평양을 샅샅이 뒤지고 다녔지만 끝내 청년들을 잡지 못했어요.
"아, 무장 투쟁의 힘은 대단하구나! 이렇게 속 시원한 반격이 또 있을까!"
기옥은 그동안 쌓였던 설움과 울분이 한꺼번에 풀리는 것 같았어요.

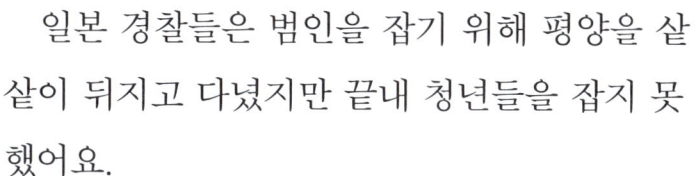

암, 우리나라를 얕보다간 큰코다치지!

　경찰들은 눈에 불을 켜고 이 사건을 벌인 사람들을 찾아다녔어요. 기옥은 여자 전도대를 결성하고 독립운동 자금을 모은 데 이어 평남도청 폭파 사건에도 관계가 있다는 혐의를 받아 일본 경찰의 체포 대상이 되었어요.

　일본 경찰들은 집집마다 돌아다니며 사람들을 무자비하게 잡아갔어요. 특히 기옥을 눈엣가시처럼 생각했기 때문에 온갖 횡포를 부리며 기옥을 찾아다녔어요.

결국 기옥은 더 이상 숨을 곳을 찾지 못해 평양을 떠나 중국 상하이에 가기로 결심했어요. 상하이에는 대한민국 임시 정부가 있었고, 많은 독립운동가들이 활발히 활동을 하고 있었거든요.

기옥은 가족에게 인사도 제대로 못 하고 중국으로 가는 멸치잡이 배를 탔어요. 멸치잡이 배는 20여 일 만에 중국에 닿았어요. 스무 살 기옥은 그렇게 가족과 조국을 떠나 낯선 중국 땅에 첫발을 내디뎠지요.

권기옥은 여러 사람의 도움으로 중국 상하이에서의 생활에 서서히 익숙해져 갔어요. 그러면서 훌륭한 독립운동가들을 많이 만날 수 있었지요. 특

히 노백린 선생님과 만나면서 묻어 두었던 권기옥의 꿈이 다시 꿈틀대기 시작했어요.

"자네가 얼마나 용감한지 익히 들어 잘 알고 있네."

"저도 선생님이 얼마나 대단한 분이신지 잘 알고 있습니다. 미국 땅에 비행 학교를 세우셨다고요."

"그랬지. 하지만 지금은 자금이 부족해 문을 닫은 상태라네."

노백린 선생님은 조금 얼굴이 어두워졌지만 금세 힘 있는 목소리로 말을 이었어요.

"강한 국가들이 왜 앞다투어 비행 기술에 힘을 쏟는지 세계 전쟁을 보면서 똑똑히 알았네. 항공력이 강한 나라는 절대로 나라를 뺏기지 않아. 우리도 나라를 되찾기 위해서는 항공력을 키워야 하네."

권기옥은 노백린 선생님의 이야기를 듣는 동안 온몸에 전율이 흐르는 것 같았어요.

처음으로 비행기를 본 날은 그저 신기하고 놀라워서 그 멋진 일을 자신도 해 보고 싶다는 마음이었다면, 지금은 반드시 비행사가 되어야 할 이유가 뚜렷해진 거예요.

"선생님, 열일곱 살 때부터 제 꿈은 비행사였습니다. 하지만 꿈을 이룰 방법을 찾지 못하고 있었어요. 언젠가는 선생님이 만드신 비행 학교도 다시 문을 열 것이고, 우리나라도 비행기를 마련할 수 있겠지요? 그러면 저도 비행사가 되어 우리나라를 되찾는 데 힘을 보태고 싶어요."

권기옥은 멀게만 보였던 비행사의 꿈에 한 발짝 다가서게 된 것 같아 마음이 벅차올랐어요.

　　노백린 선생님은 안타깝고도 대견한 눈으로 권기옥을 바라보았어요. 그 꿈이 여자의 몸으로 이루어 내기에는 힘든 일이라는 생각이 들었지만 어떻게든 도와 길을 열어 주고 싶었지요.
　　"일단 실력을 키우게. 그동안 대한민국 임시 정부에서 활동하는 독립운동가들을 만나면서 느꼈겠지만 제대로 독립운동을 하려면 우선 공부를 해야 하네."

1921년 봄, 권기옥은 대한민국 임시 정부의 추천으로 항저우에 있는 홍따오 여학교에 입학했어요. 중국어와 영어를 몰라 스물한 살인데도 중학교 반에서 한참 어린 동생들과 공부해야 했지요.

 권기옥은 영어를 좀 더 빨리 배우기 위해서 방학 동안 미국인 선교사 집에서 일을 하기도 했어요. 그 덕분에 영어를 유창하게 할 수 있게 되었고, 2년 2개월 만에 홍따오 여학교를 졸업할 수 있었어요.

 상하이로 돌아온 권기옥은 비행 학교 입학을 준비했어요. 그런데 그때까지도 노백린 선생님이 만든 비행 학교는 끝내 열리지 못했어요. 대한민국 임시 정부에서는 권기옥을 중국 항공 학교에 보내 비행술을 배울 수 있도록 돕기로 했어요.

권기옥이 문을 두드려 볼 수 있는 항공 학교는 모두 세 군데였어요. 꼼꼼하게 입학 지원 서류를 준비한 권기옥은 그중 한 항공 학교에 지원서를 냈어요.

얼마 안 있어 그 항공 학교에서 답변이 왔어요.

"우리 학교에는 여학생이 없습니다. 권기옥 학생 한 사람만 입학시키기에는 곤란합니다."

그다음 지원한 학교에서도 비슷한 답변이 돌아왔어요. 여자라는 이유로 받아 줄 수 없다는 거였지요.

권기옥의 실망은 너무 컸어요. 하지만 아직 한 군데가 남았으니 희망을 버리지 말자고 마음을 다잡았지요.

권기옥이 굳게 결심한 듯 말했어요.

"이제 남은 학교는 윈난 항공 학교뿐이군요. 그곳에는 제가 직접 가서 입학 허락을 받아 내겠어요. 서류만 보내면 여자라고 또 거절당할 게 뻔해요."

"윈난까지 직접 가겠다니, 그건 너무 위험하오. 윈난은 거리도 엄청나게 멀고 가는 길도 험해서 남자들도 찾아가기가 어렵소. 그 외딴곳에서 목숨이라도 잃으면 어쩌려고 그러시오? 제발 그만두시오."

대한민국 임시 정부의 사람들 모두가 권기옥을 말렸지만 의지를 꺾지는 못했어요.

"그렇다고 이렇게 포기할 수는 없어요. 비행사가 되기 위해서라면 해 볼 수 있는 건 다 해 볼 거예요."

권기옥은 1923년 12월 초에 대한민국 임시 정부의 추천서까지 챙겨 들고 기어코 윈난성으로 출발했어요.

윈난성까지 가는 길은 무척 험난했어요. 절벽을 타고 벼랑길을 지나면서 권기옥은 발톱이 빠지고 물집이 터져 피가 나기 일쑤였어요. 하지만 손바닥이 갈라지고 발이 찢어져도 포기하지 않고 나아갔지요.

꼬박 삼 주일이 걸려 권기옥은 마침내 윈난성에 도착했어요. 권기옥은 윈난성에서 가장 높은 사람인 윈난성장과 담판을 짓기로 했어요.

하지만 윈난성장을 지키는 병사들이 권기옥을 막아섰어요. 권기옥은 사정사정하여 병사들에게 추천서를 겨우 건네고 돌아섰어요. 권기옥은 추천서가 윈난성장에게 잘 전달되지 않을까 봐 조마조마했지만 다행히 그다음 날 윈난성장을 마주할 수 있었어요.

"상하이에서 이 험한 곳까지 어떻게 왔죠? 정말 대단하군요!"

"비행사의 꿈을 이루기 위해 왔습니다. 비행사가 되어 대한민국의 독립을 위해 싸우고 싶습니다."

윈난성장은 권기옥을 찬찬히 살피며 곰곰 생각을 했어요. 한 번도 여학생을 받아 본 적 없는 항공 학교에서 과연 권기옥을 받아 줄지 의문이 들었지요. 하지만 권기옥이라면 자신이 힘을 써서라도 항공 학교에 입학을 시켜야겠다는 생각이 들었어요.

"당신의 용기와 노력에 감동했어요. 당장 항공 학교 교장 앞으로 편지를 써 주겠습니다."

권기옥은 윈난성장의 편지를 들고 윈난 항공 학교로 달려갔어요. 교장은 권기옥이 건넨 편지를 받아 읽고는 아주 곤란한 얼굴이 되었어요.
　"우리 비행 학교에 여자를 받아 주라니 말도 안 됩니다. 여자를 재울 곳도 없는데 말이에요."
　하지만 교장은 권기옥을 받아 줄 수밖에 없었어요. 윈난에서 가장 높은 사람인 윈난성장의 명령이니 어길 수가 없었지요.

1923년 12월 31일, 권기옥은 마침내 윈난 항공 학교의 훈련생이 되었어요.

권기옥은 윈난 항공 학교에서 누구보다도 열심히 공부하고 훈련했어요. 다른 훈련생들보다 늦게 입학을 한 탓에 이론 공부가 뒤처져 있었지만, 모르는 것이 생기면 성적이 가장 우수한 친구를 찾아가 끝까지 묻고 따져서 반드시 알아내고야 말았어요.

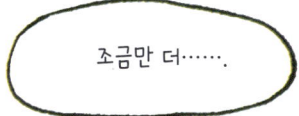

체력 훈련 또한 힘들고 고됐어요. 하지만 권기옥은 어떤 강한 훈련도 이를 악물고 끝까지 견뎌 냈어요. 비행기를 자유롭게 조종하기 위해서는 누구보다 단단한 몸이 필요하다는 걸 잘 알았거든요.

권기옥에게 가장 힘든 건 비행기를 정비하는 훈련이었어요. 비행기가 고장이 나서 비상 착륙을 하게 되면 비행사가 직접 모든 것을 수리해야만 하는데, 손힘이 약한 탓에 나사를 풀고 조이는 것마저 몹시 힘들었지요.

권기옥은 손이 부르트고 갈라져도 아랑곳하지 않고 밤새도록 연습하고 또 연습했어요. 훈련생 모두 예외 없이 똑같은 훈련을 받았는데 여자라서 못한다는 소리는 절대 듣고 싶지 않았거든요. 마침내 권기옥은 땅에서 받는 모든 지상 훈련을 훌륭하게 마치고 비행 훈련을 시작할 수 있게 되었어요.

1924년 7월 초순, 드디어 그날이 왔어요.

"권기옥, 단독 비행!"

비행 교관이 큰 소리로 말했어요.

"단독 비행이라고요? 벌써요?"

권기옥은 깜짝 놀랐어요. 함께 있던 다른 훈련생들도 눈이 커다래졌지요.

"권기옥은 단독 비행을 할 실력을 갖추었다."

"훈련 비행 아홉 시간 만에 단독 비행이라니, 정말 대단한데?"

"맞아, 적어도 스무 시간은 훈련을 받아야 하잖아!"

동료 훈련생들이 권기옥을 추켜세웠어요.

"다들 고마워, 다 여러분이 도와준 덕분이야."

권기옥은 훈련생들을 둘러보며 인사했어요.

단독 비행을 허락 받을 때까지 권기옥이 얼마나 많은 노력을 했는지 권기옥과 함께한 사람들이라면 모를 리가 없었어요. 권기옥은 훈련생들의 부러움과 응원이 섞인 박수를 받으며 비행기에 올랐어요.

기옥아, 잘하고 와!

기옥이 너라면 잘 해낼 거야.

드디어 권기옥이 탄 비행기가 서서히 움직였어요. 그러다가 잠시 뒤 무서운 속도를 내며 달리기 시작했지요. 권기옥은 이때를 놓치지 않고 조종간을 힘주어 당겼어요.

'부우우웅!'

권기옥의 비행기가 커다란 새처럼 하늘로 둥실 떠올랐어요. 땅 위의 사람들이 마치 개미처럼 작게 보일 만큼 비행기가 높이 떠오르자 이전의 기억들이 파노라마처럼 지나갔어요.

어린 시절 공부하던 학교, 만세 운동을 이끌었던 거리, 지옥 같은 모진 고문, 멸치잡이 배를 타고 조국을 떠났던 날, 머나먼 윈난 항공 학교를 향해 걷고 또 걸었던 시간…….

"자, 이제 시작이야!"

잠시 후 권기옥의 비행기가 첫 단독 비행을 마치고 안전하게 착륙했어요.

"권기옥! 대단하다! 훌륭한 비행이었어!"

비행 교관이 엄지손가락을 치켜세우자 권기옥은 하얀 이를 드러내며 활짝 웃었어요.

1925년 2월 28일, 권기옥은 윈난 항공 학교를 졸업하면서 비행사 자격증을 받았어요. 서른아홉 명의 입학생 가운데 겨우 열두 명만이 비행사 자격증을 받을 수 있었지요.

이제 권기옥은 비행기를 타고 조국의 하늘을 날 수 있을 거라고 믿었어요. 하지만 현실은 기대와는 아주 달랐어요.

그 무렵 대한민국 임시 정부는 비행기를 구입하기는커녕 건물 임대료도 못 내는 형편이었거든요. 그래도 그대로 포기할 권기옥이 아니었지요.

 권기옥은 수많은 청년이 존경하고 따르는 독립운동가 여운형 선생님을 찾아갔어요.
 "선생님, 비록 지금은 조국의 하늘을 날 수 없지만, 제가 비행사로서 할 수 있는 일이 있을까요?"
 "잘 왔소. 기옥 양이 꼭 해 주었으면 하는 일이 있소."
 "그게 뭔가요? 우리나라의 독립을 위한 일이라면 기꺼이 하겠습니다."

권기옥의 눈이 다시 반짝였어요.

"중국 펑위샹 군에 들어가 우리 독립군이 위험에서 벗어날 수 있게 해 주었으면 하오."

"네? 중국군이요? 왜……."

"우리 독립군이 아주 위험하게 됐소. 일본이 일부 중국군과 결탁해서 독립군을 체포하고 일본에 넘겨주고 있소. 그런데 다행히도 다른 일부 중국군은 일본에 아주 반감이 크오. 우리는 그 중국군과 연합해서 이 어려움을 이겨 내 보려고 하오."

"그럼 펑위샹 군에 들어가서 우리 독립군을 위해 싸우게 되는 거겠네요."

"그렇소. 펑위샹 군에는 이미 우리 독립군이 몇몇 들어가 있소. 게다가 여기 항공대 대장이 우리 측 사람이오. 기옥 양이 가서 힘을 보태 주시오."

권기옥은 우리 독립군에 항공대가 없다는 현실을 또 한 번 뼈아프게 실감하며 마음의 결정을 내렸어요.

'그래, 비행사로서 나라의 독립에 힘을 보태려면 이 방법밖에 없어.'

권기옥은 펑위샹 군의 항공대 대장인 서왈보를 찾아 갔어요. 서왈보는 권기옥처럼 중국으로 건너와 항공 학교를 졸업하고 비행사가 된 동지였어요. 서왈보는 권기옥을 무척 반겼어요.

"소문으로만 듣던 권기옥과 이렇게 만나네요. 앞으로 잘 싸워 봅시다."

"제가 잘 부탁드립니다, 대장님."

그런데 펑위샹 군에서의 생활은 순탄치 않았어요. 일본과 손을 잡은 중국군의 공격이 거셌지요. 결국 펑위샹 군은 후퇴하게 됐고, 군인들은 뿔뿔이 흩어졌어요. 펑위샹 군에 있던 독립군들도 피신을 하게 되었지요.

권기옥은 어느 초원 지대에 집을 얻어 몇몇 독립군들과 함께 지내게 되었어요. 먹을 것도 구하기 힘들어서 거의 굶다시피 생활할 수밖에 없었어요.

'도대체 나는 지금 무얼 하고 있는 건가. 내 비행술을 쓸 수 있는 기회가 또다시 오긴 오는 건가.'

권기옥이 우울해져서 벽에 기대어 앉아 있는데 함께 지내던 한 동지가 다가왔어요. 이상정이었지요.

권기옥은 이상정과 지금까지 살아온 이야기, 조국 이야기, 가족 이야기, 앞으로의 꿈에 대한 이야기들을 나누었어요. 그때부터 권기옥은 이상정에게 마음이 열렸고 두 사람은 서로에게 힘이 되어 주기 시작했어요.

　얼마 뒤 가을날, 권기옥과 이상정은 조촐한 결혼식을 올렸어요. 한 달 뒤에는 베이징으로 옮겨 신혼 생활을 했지요.

　그러던 어느 날 권기옥은 남편에게 중요한 결심을 이야기했어요.

"우리 상하이로 가요. 우리 독립군을 돕는 중국의 국민 혁명군이 상하이로 진입할 거래요. 저는 그 항공대에 들어가서 비행기를 타겠어요."

"그러지 말고 만주로 가서 독립군을 도웁시다."

그러나 권기옥은 절대로 양보할 수가 없었어요.

"난 비행사예요. 비행사는 비행기를 타야 해요. 일본 왕궁에 폭탄을 쏟아부을 기회를 잡으려면 항공대에 꼭 들어가야 해요."

결국 이상정은 권기옥을 따르기로 했어요.

권기옥은 상하이로 건너가 중국 국민 혁명군의 항공 사령부에 들어갔어요. 권기옥은 비행사로 일하면서 꽤 많은 월급을 받았는데 월급의 거의 대부분을 독립운동 자금으로 기부했어요. 중국군의 비행사로 일하면서도 조국의 독립을 위해 최선을 다했지요.

　1932년 1월, 중국과 일본 군대가 아주 크게 맞붙었어요. '상하이 사변'이라는 이름의 이 전투에 권기옥은 중국군으로서 참여했지요.

　권기옥은 정찰 비행을 맡았어요. 적들의 상태를 살펴 작전부에 보고하는 임무였어요. 그런데 권기옥은 정찰만 하는 데서 그치지 않고 일본군에 마구 총알을 퍼부었어요.

　하루는 동료가 권기옥을 말렸어요.

"그렇게 낮게 날면서 총을 쏘아 대면 어떡하오?"

"낮게 날아야 총알이 제대로 명중할 거 아니오."

"그러다 일본군이 대포를 쏘기라도 한다면 피할 수 없잖소. 제발 그만두시오."

"일본군을 싹 쓸어버릴 수 있는 기회를 그냥 넘길 수는 없소."

권기옥은 하루에도 여러 번 출격하여 일본군을 향해 총알을 퍼부었어요. 그동안 일본으로부터 받은 고통의 응어리가 조금은 풀리는 것 같았어요.

　상하이 사변이 끝나고 권기옥은 중국으로부터 무공 훈장(전투에 참가해 공을 세운 사람에게 주는 훈장)을 받았어요. 권기옥은 그 넓은 중국에서도 단 한 명뿐인 여성 전투기 조종사였어요. 그래서 중국 정부의 관심은 점점 더 높아졌지요. 하지만 권기옥은 마냥 기쁘지만은 않았어요.

　"기필코 언젠가는 내 조국에 공군을 만들겠어."

　권기옥은 다짐하고 또 다짐했어요.

1938년 권기옥은 충칭에서 중국 육군 참모 학교의 학생들을 가르치는 교관으로 일했어요.
　얼마 후 대한민국 임시 정부도 충칭으로 자리를 옮기게 되었어요. 여러 조직으로 나누어져 있던 독립운동가들이 다시 한번 힘을 모으던 터라 대한민국 임시 정부는 활기로 가득 찼지요. 권기옥은 이 기운을 살려 무언가 큰일을 도모할 기회를 엿보았어요.

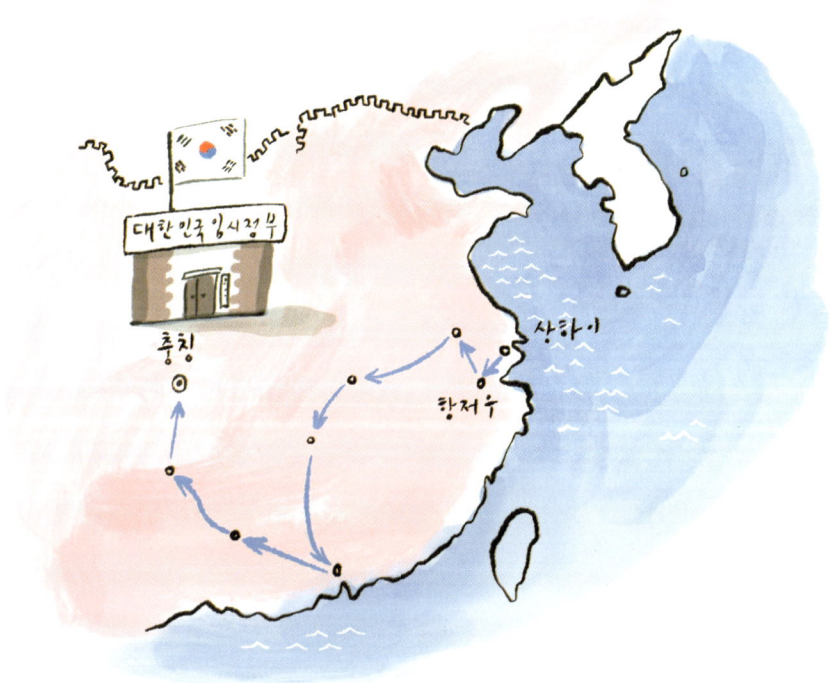

1943년 권기옥은 한국광복군 비행대를 만드는 일에 적극 나섰어요. 권기옥을 포함한 한국 항공인들이 모여 대한민국 임시 정부의 공군 설계 위원회를 구성했어요.

"중국 곳곳에서 비행 훈련을 받고 있는 우리 청년들이 많습니다. 이제 우리는 조국을 위한 광복군 비행대를 충분히 만들 수 있습니다."

1945년 3월, 한국광복군에 비행대가 만들어지기로 결정되었어요. 드디어 권기옥은 광복군 비행대가 되어 직접 비행기를 몰고 조국의 해방을 위해 싸울 수 있게 된 거예요.
　권기옥은 꿈이 이루어지는구나 싶어 가슴이 벅차올랐어요. 그리고 하늘에서 당당하게 전투기를 조종하는 자신을 떠올리며 두 주먹에 힘을 주었어요.

1945년 8월 15일, 권기옥의 꿈이 현실이 되기 직전, 라디오에서 일본 왕의 항복 선언이 울려 퍼졌어요. 드디어 우리나라가 해방을 맞이한 거예요.

　권기옥과 이상정은 너무 기뻐 서로 얼싸안고 기쁨의 눈물을 흘리며 거리로 뛰쳐나갔어요. 길에는 '중화민국 만세'를 외치는 중국인으로 가득했어요. 권기옥과 이상정도 당당히 '대한 독립 만세'를 외쳤어요.

　권기옥은 일본이 항복한 게 한없이 기뻤지만 한편으로 아쉬운 마음이 들기도 했어요.

　'일본이 항복하기 전에 우리의 광복군 비행대가 나설 수 있었다면 얼마나 좋았을까. 그랬다면 우리의 손으로 일본을 박살 낼 수 있었을 텐데.'

1949년 5월 권기옥은 드디어 귀국을 했어요. 이후 권기옥의 활약은 훗날 '공군의 어머니'라고 불릴 때까지 쉬지 않고 이어졌어요.

권기옥은 국회 국방 위원회 전문 위원으로 임명되어 대한민국에 공군이 만들어지도록 힘을 보탰어요. 또한 역사가 살아 있는 나라를 만들기 위해 무려 16년 동안 『한국연감』 발간 사업도 계속했어요. 일흔이 넘어서는 그동안 알뜰하게 모은 재산을 젊은이들을 위한 장학금으로 기부하기도 했지요.

1977년 권기옥은 우리나라를 튼튼히 하는 데 기여한 공로를 인정받아 대한민국 건국 훈장 국민장을 받았어요.

권기옥은 1985년부터 남은 삶을 보훈 병원에서 보냈어요. 병원 침대에 누워 자신의 삶을 찬찬히 돌아보았지요.

권기옥은 눈을 감은 채 조용히 혼잣말을 했어요.

"나는 얼마나 행복한 사람인가. 나라를 되찾고 싶어 비행사가 되었고, 비행사가 되어서 하늘을 날았고, 결국 조국을 되찾았고, 우리나라에 훌륭한 공군을 만들었고, 내 뒤를 걸어오는 후배들 또한 믿음직스러우니 이보다 더 충만한 삶이 있을까."

권기옥은 여든여덟 나이에 결국 하늘을 날았어요. 나라를 빼앗겼다고, 가난하다고, 여자로 태어났다고, 힘이 없다고 날개가 꺾이는 일은 단 한 번도 없었어요. 길이 멀고 험해도, 죽음이 눈앞에 있어도 권기옥은 절대로 날개를 접지 않았어요.
　권기옥의 당당하고 거침없는 날갯짓은 겁먹고 주저하는 젊은이들에게 큰 희망이 되었어요. 꿈꾸기를 멈추지 않고 조금씩이라도 앞으로 나아간다면 저마다 단단한 날개를 달 수 있을 거라는 믿음을 주었어요. 그 단단한 날개로 땅을 박차고 높은 하늘로 솟아오를 수 있는 용기도 주었지요.
　덕분에 이 땅의 젊은이들도 머지않아 저마다의 날개로 하늘을 훨훨 날아다닐 거예요. 권기옥이 그랬듯이요.

♣ 사진으로 보는 권기옥 이야기 ♣

1921년경, 중국 홍따오 여학교 재학 중 찍은 사진이에요. 오른쪽에 앉아 있는 사람이 권기옥이에요. 권기옥은 항공 학교 입학 전 2년 2개월 동안 홍따오 여학교를 다니며 영어와 중국어를 배웠어요.

1924년 7월, 권기옥이 첫 단독 비행에 성공한 후 찍은 기념 사진이에요. 권기옥은 이 사진과 편지를 독립운동가인 안창호 선생에게 보냈어요. 편지에는 일본에 맞서는 항일 운동에 대한 굳은 결심이 담겨 있었어요.

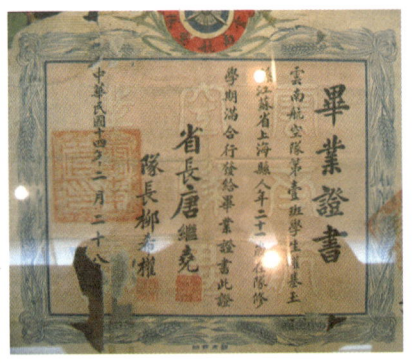

1925년 2월 28일, 윈난 항공 학교의 졸업장 사진이에요. 권기옥은 윈난 항공 학교 제1기생으로, 졸업생 중 유일한 여성이었어요.

1930년경, 중국 공군 제복을 입고 있는 권기옥이에요. 권기옥은 중국군에 들어가 항일 활동을 펼쳤어요.

1935년, 권기옥과 동료들이 비행을 준비하는 모습이에요. 이탈리아인 비행 교관, 중국계 미국인 여성 비행사 이월화의 모습도 확인할 수 있어요. 왼쪽에서 두 번째가 권기옥이에요.

1937년경. 왼쪽부터 순서대로 이상화(이상정의 동생이자 일제 강점기의 시인), 권기옥, 이상정(권기옥의 남편이자 독립운동가)이에요. 이상화는 「빼앗긴 들에도 봄은 오는가」라는 시를 쓴 것으로 유명해요.

1950년경, 권기옥이 대한민국 국방 위원회 전문 위원으로 활동하던 모습이에요. 왼쪽에서 두 번째가 권기옥이에요.

♣ 권기옥에 대해 더 궁금한 것들 ♣

권기옥이 살던 시절, 왜 여자는 비행사가 되기 어려웠나요?

권기옥이 태어난 1900년대 초에는 남자를 여자보다 우월한 존재라 여기는 사람들이 많았어요. 가난해서, 집안일을 해야 해서, 가족을 돌보아야 해서 등 갖가지 이유로 여자에게는 교육의 기회조차 쉽게 주어지지 않았어요. 게다가 당시 우리나라에는 비행기도, 비행 기술을 가르칠 항공 학교도 없었고요.

비행 기술을 배우려면 큰 비용이 든다는 것도 문제였어요. 일제 강점기에 몇몇 청년들은 대한민국 임시 정부의 지원을 받아 중국에서 비행 교육을 받기도 했지만, 그 기회도 대부분 남자에게만 주어졌어요. 그런 열악한 환경에서도 권기옥은 하늘을 날며 일본을 무찌르겠다는 의지와 용기로 당당히 꿈을 이뤄 낸 거예요.

권기옥은 왜 중국군에서 활동한 건가요?

당시 독립운동가들은 우리나라뿐만 아니라 중국에서도 활발히 활동했어요. 중국은 우리나라보다 일본의 영향력이 덜 미쳤기 때문에, 그곳에서 독립군을 키워서 일본에 맞서 싸우고자 한 거예요.

　그런데 중국 또한 일본에 집어삼켜지고 말았어요. 일본군이 호시탐탐 노리던 우리 독립군은 더욱 위기에 처했지요. 결국 우리 독립군은 일본과 맞서 싸우려는 중국군과 힘을 합치자고 결정했어요. 그래서 권기옥을 비롯한 많은 독립운동가들이 중국군에 들어가게 된 거예요. 더구나 권기옥은 비행사로서 싸우고 싶어 했잖아요? 우리 독립군에는 아직 없는 항공대가 중국군에는 있었다는 사실도 중국군에 들어간 이유이지요.

권기옥이 우리나라 최초의 여성 출판인이었다고요?
　권기옥은 1957년부터 1972년까지 16년간 『한국연감』을 발간하며 출판인으로서 뚜렷한 족적을 남겼어요. 『한국연감』은 한 해 동안 우리나라에서 일어난 주요 사건을 꼼꼼히 기록한 것이에요.
　역사가 바로 서야 나라가 바로 선다는 믿음으로 출판 사업을 벌인 권기옥은 1966년 우리나라 최초의 여성 출판인으로 신문에 소개되기도 했답니다.

함께 보면 쏙쏙 이해되는 역사

◆ 1901년
평안남도 평양에서 태어남.

◆ 1912년
숭현 소학교에 입학함.

◆ 1917년
미국인 비행사 아트 스미스의 곡예비행을 보고 비행사를 꿈꾸기 시작함.

◆ 1918년
숭의 여학교에 입학함.

1910

● 1910년
한일 강제 병합으로 우리나라가 일본의 식민지가 됨.

1915

● 1919년
3월 1일, 삼일 운동이 일어남. 중국 상하이에 대한민국 임시 정부가 수립됨.

◆ 1932년
상하이 사변에서 공을 세워 무공 훈장을 받음.

◆ 1938년
충칭 육군 참모 학교의 교관이 됨.

◆ 1943년
대한민국 임시 정부의 공군 설계 위원회를 구성함.

◆ 1949년
대한민국 국방 위원회 전문 위원이 됨.

1930

1940

● 1945년
8월 15일, 광복을 맞음.

● 1948년
대한민국 정부가 세워짐.

● 1949년
대한민국 공군이 탄생함.

◆ 권기옥의 생애
● 우리나라의 근현대사

◆ 1920년
중국 상하이로 떠남.

◆ 1921년
홍따오 여학교에 입학함.

◆ 1923년
윈난 항공 학교에 입학함.

◆ 1925년
비행사 자격증을 받음.

◆ 1926년
펑위샹 군의 항공대에 들어감.

◆ 1927년
국민 혁명군의 항공대에 들어감.

1920   1925

◆ 1957년
『한국연감』 발간 사업을 시작함.

◆ 1977년
대한민국 건국 훈장 국민장(오늘날의 독립장)을 받음.

◆ 1988년
세상을 떠남.

1950   1960~

 1950년
육이오 전쟁이 일어남.

- 참고 도서

  정혜주, 『날개옷을 찾아서』(하늘자연, 2015)

  윤선자, 『권기옥』(역사공간, 2016)

- 참고 자료

  「여전도대활동」, 1920.05.09., 《동아일보》

  「공군의 날에 붙이는 공군의 할머니」, 1965.10.03., 《조선일보》

  「남몰래 준 '할머니 장학금'」, 1977.02.11., 《조선일보》

  「인터뷰 '3·1 만세' 참가했던 권기옥 씨」, 1979.02.26., 《동아일보》

  「여성 1호 비행사 권기옥 씨 "일제 때 나라 위한다는 신념으로 선택"」, 1982.01.20., 《동아일보》

  「독립 유공자 권기옥 여사 외로운 투병 생활 6개월째」, 1985.06.12., 《경향신문》

- 참고 영상

  「잊혀진 이름, 여성 독립운동가 1편: 독립을 위한 날갯짓, 권기옥」, 2015.11.22., 《뉴스타파》

- 사진 제공

  66, 67쪽 모든 사진_ 권현.

글쓴이 강정연

2004년 《문화일보》 신춘문예에 당선되면서 작가가 되었다. 지은 책으로는 동화책 『건방진 도도 군』, 『분홍 문의 기적』, 『바빠가족』, 『콩닥콩닥 짝 바꾸는 날』, 그림책 『무지개떡 괴물』, 『고것 참 힘이 세네』, 『장똑새의 비밀』, 동시집 『섭섭한 젓가락』 등이 있다. 온 가족 팟캐스트 「침 튀겨도 괜찮아」를 진행하고 있고, 책방글방 「글쓰는 도도」의 주인장이기도 하다.

그린이 오영은

일러스트레이터이자 그림 작가로 활동하고 있다. 그림 에세이 『수영일기』, 『고양이와 수다』를 펴냈으며, 『바꿔!』, 『스플래시』, 『내 말은 그 말이 아냥』 등에 그림을 그렸다.

새싹 인물전 권기옥
064

1판 1쇄 펴냄 2021년 9월 10일 1판 3쇄 펴냄 2024년 1월 16일

글쓴이 강정연 그린이 오영은
펴낸이 박상희 편집장 전지선 편집 송재형 디자인 박연미
펴낸곳 (주)비룡소 출판등록 1994.3.17. (제16-849호)
주소 06027 서울시 강남구 도산대로1길 62 강남출판문화센터 4층
전화 02)515-2000 팩스 02)515-2007 홈페이지 www.bir.co.kr
제품명 어린이용 각양장 도서 제조자명 (주)비룡소 제조국명 대한민국 사용연령 3세 이상

ⓒ 강정연, 오영은, 2021. Printed in Seoul, Korea.

ISBN 978-89-491-2944-0 74990
ISBN 978-89-491-2880-1 (세트)

「새싹 인물전」 시리즈

- 001 **최무선** 김종렬 글 이경석 그림
- 002 **안네 프랑크** 해리엇 캐스터 글 헬레나 오웬 그림
- 003 **나운규** 남찬숙 글 유승하 그림
- 004 **마리 퀴리** 캐런 월리스 글 닉 워드 그림
- 005 **유일한** 임사라 글 김홍모·임소희 그림
- 006 **윈스턴 처칠** 해리엇 캐스터 글 린 윌리 그림
- 007 **김홍도** 유타루 글 김홍모 그림
- 008 **토머스 에디슨** 캐런 월리스 글 피터 켄트 그림
- 009 **강감찬** 한정기 글 이홍기 그림
- 010 **마하트마 간디** 에마 피시엘 글 리처드 모건 그림
- 011 **세종 대왕** 김선희 글 한지선 그림
- 012 **클레오파트라** 해리엇 캐스터 글 리처드 모건 그림
- 013 **김구** 김종렬 글 이경석 그림
- 014 **헨리 포드** 피터 켄트 글·그림
- 015 **장보고** 이옥수 글 원혜진 그림
- 016 **모차르트** 해리엇 캐스터 글 피터 켄트 그림
- 017 **선덕 여왕** 남찬숙 글 한지선 그림
- 018 **헬렌 켈러** 해리엇 캐스터 글 닉 워드 그림
- 019 **김정호** 김선희 글 서영아 그림
- 020 **로버트 스콧** 에마 피시엘 글 데이브 맥타가트 그림
- 021 **방정환** 유타루 글 이경석 그림
- 022 **나이팅게일** 에마 피시엘 글 피터 켄트 그림
- 023 **신사임당** 이옥수 글 변영미 그림
- 024 **안데르센** 에마 피시엘 글 닉 워드 그림
- 025 **김만덕** 공지희 글 장차현실 그림
- 026 **셰익스피어** 에마 피시엘 글 마틴 렘프리 그림
- 027 **안중근** 남찬숙 글 곽성화 그림
- 028 **카이사르** 에마 피시엘 글 레슬리 뷔시커 그림
- 029 **백남준** 공지희 글 김수박 그림
- 030 **파스퇴르** 캐런 월리스 글 레슬리 뷔시커 그림
- 031 **유관순** 유은실 글 곽성화 그림
- 032 **알렉산더 벨** 에마 피시엘 글 레슬리 뷔시커 그림
- 033 **윤봉길** 김선희 글 김홍모·임소희 그림
- 034 **루이 브라유** 테사 포터 글 헬레나 오웬 그림
- 035 **정약용** 김은미 글 홍선주 그림
- 036 **제임스 와트** 니컬라 백스터 글 마틴 렘프리 그림
- 037 **장영실** 유타루 글 이경석 그림
- 038 **마틴 루서 킹** 베르나 윌킨스 글 린 윌리 그림
- 039 **허준** 유타루 글 이홍기 그림
- 040 **라이트 형제** 김종렬 글 안희건 그림
- 041 **박에스더** 이은정 글 곽성화 그림
- 042 **주몽** 김종렬 글 김홍모 그림
- 043 **광개토 대왕** 김종렬 글 탁영호 그림
- 044 **박지원** 김종광 글 백보현 그림
- 045 **허난설헌** 김은미 글 유승하 그림
- 046 **링컨** 이명랑 글 오승민 그림
- 047 **정주영** 남경완 글 임소희 그림
- 048 **이호왕** 이영서 글 김홍모 그림
- 049 **어밀리아 에어하트** 조경숙 글 원혜진 그림
- 050 **최은희** 김혜연 글 한지선 그림
- 051 **주시경** 이은정 글 김혜리 그림
- 052 **이태영** 공지희 글 민은정 그림
- 053 **이순신** 김종렬 글 백보현 그림
- 054 **오드리 헵번** 이은정 글 정진희 그림
- 055 **제인 구달** 유은실 글 서영아 그림
- 056 **가브리엘 샤넬** 김선희 글 민은정 그림
- 057 **장 앙리 파브르** 유타루 글 하민석 그림
- 058 **정조 대왕** 김종렬 글 민은정 그림
- 059 **나폴레옹 보나파르트** 남찬숙 글 남궁선하 그림
- 060 **이종욱** 이은정 글 우지현 그림

061 **박완서** 유은실 글 이윤희 그림
062 **장기려** 유타루 글 정문주 그림
063 **김대건** 전현정 글 홍선주 그림
064 **권기옥** 강정연 글 오영은 그림
065 **왕가리 마타이** 남찬숙 글 윤정미 그림
066 **전형필** 김혜연 글 한지선 그림
067 **이중섭** 김유 글 김홍모 그림
068 **그레이스 호퍼** 박주혜 글 이해정 그림

* 계속 출간됩니다.